베스트 空手道全書
대련 I   3

中山正敏 著 / 明在玉 監修
姜泰鼎 譯

서림문화사

베스트 공수도전서

나카야마 마사도시 지음

차 례

나카야마(中山) 공수의 진수 7
책 머리에 9
공수도란? 11
공수도 기술의 본질 11
이 책의 구성 13

제1장 대련이란? ─────────────── 15
제2장 선(先)의 선(先) ─────────── 29
제3장 후(後)의 선(先) ─────────── 43
제4장 차기의 여러 가지 ────────── 61
제5장 접근전의 치기 ────────── 75
제6장 접근전의 차기 ────────── 91
제7장 전신(転身)・몸다루기・메치기 ─── 103
제8장 2단공격 ───────────── 131

나카야마(中山) 공수의 진수

　오늘날의 공수(空手)는 전세계에 보급되어 많은 동호인들이 수련에 정진하고 있다. 그것은 공수가 무도(武道)로서 뿐만 아니라, 과학적으로 뒷받침된 근대 공수도로서 확립했기 때문이라 할 수 있을 것이다. 나의 사부 나카야마(中山正敏) 선생은 그 근대 공수의 제일인자였다.
　선생은 누구나 익힐 수 있는 체육적인 공수, 호신술로서의 공수, 경기(競技)로서의 공수 등 수련하는 사람의 층에 따라 여유 있게 지도할 수 있도록 힘써 왔으며, 우리들은 그런 교육을 받았다. 연습법만 해도 합리적인 방법을 추구해 왔다. 또한 어떤 수련에도 생리학적·운동역학적인 합리성이 중요하다고 해서 공수를 과학적으로 분석한 것이다. 그것이 공수인구를 증가시키는 데 있어서 큰 도움이 되었다고 여겨진다.
　공수시합의 룰을 완성한 것도 큰 공적이다. 대련의 시합에 관해서는 포인트 위주의 승부를 마다하고, 일권필살(一拳必殺)이야말로 공수의 진수임을 강조했다. 즉 단보승부의 룰을 만들었다. 그것이 현재의 시합제도가 되고 있는 것이다. 또 체조경기나 뛰어들기경기 등의 채점법도 깊이 연구하고, 거기에서 힌트를 얻어 힘의 강약(强弱), 몸의 완급, 몸의 신축을 기본으로 삼은 형(形)의 시합을 이뤄 놓은 것이다.
　선생은 30년 전부터 우수한 지도자를 양성하여 외국에 파견하는 일에도 열심이었다. 처음에는 사막에 물을 뿌리는 것 같은 형편이었지만, 그것이 오늘에 꽃을 피우고 있다. 선생이 배출시킨 지도자들의 노고에 의한 것이다. 선생 자신이 1년에 3개월 내지 반년은 외국에 가서 공수의 보급에 힘써 왔다. 선생은 특히 외국에 가기만 하면 생기가 돌았다. 그것은 참으로 이상할 정도였다. 병이 나서 선생의 몸을 걱정해 "적당히 하세요"하고 만류하면 "나의 즐거움을 빼앗을 셈인가"고 도리어 책망하기 일쑤였다. 결국 그 같은 노력의 결집이 곧 공수하면 'NAKAYAMA KARATE'라고 할 만큼 불멸의 지위를 쌓아 올린 것이다. 따라서 선생의 저서는 세계 공수가들의 '바이블'로서 절대적 평가를 얻고 있다 해도 과언이 아니다.

공수가 세계에 보급되고서는 공수의 아카데미적인 조직 구성을 착수하기 시작했다. 나라의 안팎을 막론하고, 어떤 조직이건 대립하는 것이 아니다. 기술을 중심으로 제휴해 가자, 기술의 교류를 통해 공수도를 높여 가자는 것이 선생의 이상이었다. 한데, 그것을 완수하기 전에 돌연 세상을 뜨셨다. 나는 다쿠쇼쿠(拓植) 대학 때부터 선생에게서 직접 지도를 받았던 못난 제자이기는 하지만, 선생의 가르침을 계승해야 한다는 생각을 하고 있다.

선생이 가장 중요시했던 것은 이른바 '끝내기'와 '기본'이었다. 끝내기라는 것은 자기가 갖고 있는 힘과 속도를 어떻게 순간적으로 집중시키느냐는 것이다. 그리고 기본을 확실하게 익혀 놓으면 몇 살이 되어도 할 수 있는 것이라고 하며, 기본을 중요시 여겼다. 공수는 재능이나 젊음에 의해 어느 한 시기만 강하다고 하는 것이 아니라 평생을 두고 할 수 있는 것이다. 그래서, 선생은 '끝내기'를 어떻게 완성하는가 하는 것과 '평생공수(平生空手)'라는 것을 큰 목표로 삼고 있었다.

그런 '나카야마 공수'를 전하는 의미에서 이번에 선생의 「베스트 공수」 시리즈(全11卷)가 출판되는 것은 참으로 기쁘기 그지없는 일이다. 이 「베스트 공수」는 이미 해외용으로서 세계 7개 국어판으로 출판된 것의 일본어판인데, 풍부한 연속 사진에 의해 공수의 실기를 알기 쉽게 해설하고 있다. '나카야마 공수'의 진수를 아는 데 이 이상의 책은 없다고 믿어 의심치 않는다.

社團法人 日本空手協會 專務理事
庄司 寬

책 머리에

공수도(空手道)는 지난 십 수년 사이 전세계에 급속히 보급되고 있으며, 젊은 학생들은 말할 것 없고, 다수의 대학교수·예술가·실업가·공무원 등 각계 각층의 지도층에까지 매우 광범위하게 확대되고 있다. 구미(歐美)의 대학 등에서 정규 체육과목으로 채택하는 데가 증가하고, 군대나 경찰에도 보급되고 있는 것이 현실이다. 그저 단순한 격투기술로만 습득하는 것이 아니라, 높은 이념에 입각한 동양적인 무도로 추구함으로써 정신의 양식을 삼으려는 노력은 여간 기쁜 일이 아니다.

그러나 한편 이것이 공수인가 하고 고개를 갸웃거리게 하는 치고 막기나, 차고 막기의 폭력공수, 또는 머리와 손과 발로 물건을 빠개는 공수 쇼라는 것도 나타나고, 복싱에 차기를 가미한 것만으로, 이것이 공수의 시합으로서 판을 치고 있는 일면은 참으로 어처구니없는 일이다. 또 중국의 권법이나 오키나와(沖繩)의 고무술도 일본적으로 완성된 공수도와 동일시하는 경향이 있는 것도 유감스러운 일이다. 공수도에는 오랜 세월 동안에 완성된 격조 높은 여러 가지의 형(形)이 있고, 그 형 자체에 포함되는 공방의 기본기를 유효하게 활용하기 위한 정신적인 요소가 중요하다.

공수는 몸에 전혀 무기를 지니지 않고 일권일축(一拳一蹴), 순간에 적을 쓰러뜨리는 오키나와의 고무술에서 발전한 것이다. 기술보다도 심술(心術)에 무게를 두고, 평소는 예양(禮讓) 속에 체력을 단련하며, 정의를 위해 전력을 다해 싸우는 것이 진정한 공수도이다. 후나고시(船越) 선생이 가르친 대로, 안으로 부앙천지(俯仰天地)에 부끄럽지 않은 마음을 닦고, 밖으로는 맹수도 습복(慴伏)시키는 위력이 있어야 한다. 마음도 기량면(技兩面)을 겸해야 완전한 공수도라고 할 수 있다.

체육의 호신(護身)으로서 육성되고 발전했던 공수도는 체조 시합적(試合的) 스포츠 공수로서의 새 분야로 개발, 활성화되고 있다. 그러나, 다만 시합에 이기는 것에 급급한 나머지 기본기를 충분히 구사하지 못하거나, 순서에 따른 연습도 하지 않고 함부로 자유대련 또는 대결에만 치우치기 때문에 공수 특유의 날카롭고 시원스러운 강한 위력감의 지르기나 차기 등이 모자라고, 따라서 기본기 자체도 자칫 시합을 위한 요령 본위의 연습이 되기 십상이다. 선수가 되고 싶다, 선수를 빨리 키우고 싶다는 열의는 이해할 만하나, 이는 선수나 지도자 다 같이 크게 반성할 점이라 여겨진다. "바쁘면 돌아가라"는 속담처럼 한걸음씩 착실하게 올바른 기본기의 습득에 힘써야 할 것이다.

시간적으로 얼마간 빨리 자유대련에 익숙해지고 시합요령을 어느 정도 파악했어도, 어떻든 묵묵히 착실하게 연습한 사람을 능가하기는 어렵다. 최근 시합에 이긴다는 것에 집착한 나머지 기본기의 진지한 단련에서 얻어지는 기백과 위력이 똑같이 떨어지고, 또 함부로 용맹스러움을 과시해, 공수도인으로서의 가장 소중한 예절마저도 잃어가고 있는 사람들을 간혹 볼 때마다 한편 서글픈 감정에 빠지곤 한다.

이런 생각에서 나의 45년 간에 걸친 공수도 수행의 경험을 충분히 살리고, 기본기를 분석하고, 체계화하고, 또한 사진을 위주로 복잡한 몸놀림을 쉽게 이해할 수 있을 만한 근대적인 텍스트를 동호인들에게 선물할 것을 생각해 왔다. 그 염원을 이룬 것이 「공수도 신교정(空手道新教程)」이다. 그런데 그것을 이번에 많은 동호인들의 요망에 부응하여 공수도의 전반이 보다 구체적으로, 보다 쉽게 익힐 수 있도록 다시 원고를 썼다. 동호인 여러분들의 욕구에 충족될 수 있기를 기대해 마지않는다.

著者 中山正敏

■ 공수도란?

- 승패를 궁극의 목적으로 삼는 무술이 아니라, 유형무형의 시련을 이겨내고 연마한 땀 속에서 인격완성을 꾀하려는 것이다.
- 도수공권(徒手空拳), 손과 다리를 조직적으로 단련하여 마치 무기와 같은 위력을 발휘시켜, 그 일돌일축(一突一蹴), 능히 불시의 적을 제압하는 호신술이다.
- 사지오체(四肢五体)를 전후·좌우·상하로 균등하게 움직이고, 또한 굽혀펴기·도약·평형 등의 모든 동작을 숙달하는 신체활동이다.
- 의지력에 의해 잘 제어된 기술을 사용하고, 정확하게 목표를 포착하여 순식간에 최대의 충격력을 폭발시켜서 기술을 서로 겨루는 격투기이다.(목표를 인체 급소의 바로 앞에 가정한다.)

■ 공수도 기술의 본질

공수도 기술의 본질은 기술을 끝내기하는 것이다. 적절한 기술을 목표로 삼는 부위로, 최단시간에 최대한의 충격력으로 폭발시키는 것이며, 이것을 끝내기라고 한다. 옛날에는 무시무시한 표현으로 일권필살(一拳必殺)이라는 말로 쓰였다. 진지하게 볏짚 묶음을 상대로, 단련에 이은 단련의 매일이었다. 끝내기는 지르기·치기·차기는 말할 것 없고, 막기에도 빼놓을 수 없는 요소이다. 끝내기가 없는 기술은 아무리 움직임이 공수와 비슷해도 절대로 공수라고는 할 수 없다. 공수의 시합에서도 예외가 아니다.

바로 앞 그치기(寸前中止)라는 말이 있다. 목표 바로 앞에서 기술을 그친다는 뜻이다. 겨루기의 시합에서는 대전(対戦) 상대에게 맞히는 것은 위험 방지를 위해 반칙으로 삼고 있다. 하지만 여기에 문제가 있다. 그친다는 것과 끝내기한다는 것은 매우 달라서, 하늘과 땅만큼의 차이가 있다. 목표 직전에서 단지 기술의 움직임을 그치면 되는 것이라면 공수의 본질에서 벗어난다. 목표 바로 앞에서 그친다는 생각이 아니라, 목표를 육체의 급소 바로 앞에 설정하고, 거기에 컨트롤 좋게 최대의 충격력을 폭발시켜서 포인트를 얻어 승패를 겨루는 것이다.

그러기 위해서는 평소의 진지한 수련과 단련이 중요해, 신체의 전부를 무기화하고, 각각의 무기를 뜻대로 움직일 수 있게 하는 자기제어가 필요하며, 남에게 이기기 전에 자기를 이기는 것이 중요하다.

*이 책의 구성

　베스트 공수 제3권·제4권은 대련편으로 하고, 대련을 대표적인 기술로 분류하여 해설했다. 수록한 기술은 다음과 같다.

〈제3권〉
- 선(先)의 선(先) 　　　　　大石武士　高橋俊介
- 후(後)의 선(先) 　　　　　飯田紀彦　大坂可治
- 차기의 여러 가지 　　　　　植木政明　矢原美紀夫
- 접근전의 치기 　　　　　　阿部圭吾　矢原美紀夫
- 접근전의 차기 　　　　　　津山克典　松倉栄重
- 전신(転身)·몸다루기·메치기　浅井哲彦　大坂可治
- 2단공격 　　　　　　　　　金沢弘和　大坂可治

〈제4권〉
- 흩뜨리기·다리후리기 　　　榎枝慶之輔　大村藤清
- 변화기술(変化技) 　　　　　山口　透　佐藤由樹
- 찔끔찔끔 차기 　　　　　　田中昌彦　粕谷　均
- 지르기와 차기의 응수 　　　川副正夫　大坂可治
- 목숨을 건 수 　　　　　　　矢原美紀夫　内臓　隆
- 연속기술(連続技) 　　　　　庄司　寬　山口　透
- 수극일여(受極一如) 　　　　中山正敏　大坂可治

■ 구성 내용
① 각 기술을 각 장(章)마다 정리하여 기술의 해설, 자유대련, 기술의 전개, 기초적 연습의 순으로 수록했다.
② 초심자에게는 기초 페이지가 숙달에 힌트가 되도록 유의했다.
③ 사진을 많이 활용하고, 해설은 가급적 간단히 그쳐 눈으로 보아 알기 쉽도록 힘썼다.
④ 대련을 연습하는 데 있어서 중요한 정신적인 마음의 준비를 다음의 책에서 알맞게 소개했다.

　　柳生宗矩　　　　　　　　「병법가전서(兵法家伝書)」
　　沢庵禪師　　　　　　　　「부동지신묘록(不動智神妙錄)」
　　古藤田弥兵衛　　　　　　「잇토사이 선생 검법서(一刀斎先生剣法書)」
　　宮本武蔵　　　　　　　　「오륜서(五輪書)」
　　吉田　豊　　　　　　　　「무도비전서(武道秘伝書)」

# 대련이란?

대련에 대하여

■ 대련의 의의

대련은 형(形)에 따라 습득한 공방의 기술을 두 사람이 상대하여 실지에 맞춰서 행하는 공격·방어의 실제적인 연습방법이다. 대련은 상대를 앞에 둔 공방의 동작이다. 부자연스러운 무리한 기술을 쓰기라도 하면 자세가 흐트러지므로, 이 점을 특히 주의해야 한다.

형의 연습에 의해 단련한 기술이 대련의 연습에서 흐트러지게 되면 결국 대련 자체의 숙달도 바랄 수 없게 된다. 공수는 형의 숙달이 없으면 대련의 숙달이 있을 수 없다고 해도 과언이 아니다.

따라서 형과 대련을 수레의 두 바퀴처럼 한쪽으로 기우는 일이 없도록 연마에 힘쓰는 것이 가장 좋은 방법이다. 이 점에 충분히 유의하여 대련 연습에 힘써 주기 바란다.

■ 대련의 종류

대련에는 기초적인 기본대련과 자유단보대련, 자유대련이 있다.

1) 기본대련

가장 기본적인 대련은 두 사람이 일정한 간격으로 자세를 취하고, 사전에 공격 목표를 정하여 공격·방어를 엇갈려 행한다. 기본대련에는 기본단보대련과 5보대련(또는 3보대련)의 두 종류가 있다(이 책의 제1권 참조).

2) 자유단보대련과 자유대련

나의 학생 시절부터의 동문으로, 공수협회 창립당시부터의 듬직한 협력자로 그 실력을 아주 높이 평가받고, 나의 가장 신뢰하던 고(故) 미야다(宮田実) 사범은 오랜 세월의 체험에서 자유단보대련, 자유대련에 대하여 다음과 같은 극히 높은 견해를 명확히 하고 있었다.

여기에 그것을 소개하니, 대련 연습에 참고하기 바란다.

자유단보대련은 양자 다 같이 자유로운 자세로 각각 임의의 간격을 취하고, 공격하는 쪽은 상대에게 공격하는 곳을 알려서 목표를 마음껏 공격한다. 막는 쪽은 그 공격에 대하여 자기가 습득한 기술을 자유로이 써서 즉각 반격하는 대련의 연습방법으로, 공수의 실제적인 공방기술을 숙달시키는 것을 주안으로 삼은 것이며, 말하자면 실전(實戰)대련이다.

이처럼 공격하는 쪽은 간격·호흡을 가늠하고, 견제 등을 써서 상대의 틈을 타서 타이밍 좋게 과감히 공격하는 공격력을 키우고, 이에 대해 막는 쪽은 몸을 진퇴시키거나 좌우로 움직여서 자신이 습득한 기술을 종횡으로 반격한다. 따라서 자유단보대련은 공방의 방법, 호흡, 간격, 몸다루기, 무게 중심의 이동, 막아 끝내기한 호흡 등 모든 면에서 공방연습을 할 수 있으므로, 대련의 기술을 단련하는 데에 매우 중요한 연습방법이다.

그러나 자유단보대련에는 다음과 같은 사고방식이 있다. 공격쪽이 목표를 공격한 뒤 막는 쪽의 뒤쪽을 잡고 이어서 공격하거나, 더 나아가서 공격쪽은 상대에게 공격목표를 알리지 않고 자유로이 공격하여 막는 쪽의 반격 뒤쪽을 잡는 연습방법 등에서 공격쪽, 막는 쪽의 약속을 하면 그대로 자유대련이 되는 것으로, 이른바 자유대련의 보조적인 연습방법이다. 이 방법은 어느 정도 기술에 숙달한 사람끼리 눈의 수련이나 공방의 감각 등을 향상시키기에는 좋은 방법이겠으나, 초심자에게는 기술이 흐트러지기 쉬우므로 권할 수 없다.

최근의 자유대련 기술의 뛰어남이나 박력, 강력한 끝내기 등에 빠지는 점이 많은 것은 기본이나 형의 연습에서 올바른 기술을 익히지 않고 자유대련으로 나아가기 때문이다. 자유대련에 의한 시합이 자주 거행되고 있는 오늘날 더욱더 이런 경향은 강해질 것으로 생각된다. 이 결함을 보충하고, 뛰어난 자유대련을 단련해 가자면 자유단보대련을 자유대련의 보조적인 연습방법으로 삼지 말고, 앞에서 말한 것처럼 한판 한판의 강력한 공방기술의 올바른 연습, 그 밖에 간격, 호흡, 몸다루기, 무게 중심의 이동, 막아 끝내기한 호흡 등 모든 면에서의 올바른 기술을 이 자유단보대련으로 단련하는 것이 중요하다.

자유대련은 유인의 자유대련에 해당하는 것이다. 아무런 합의를 하지 않고, 다만 지르기·치기·차기 등의 공격기술을 목표에서 끝내기 하는 것과 약간의 금지 수가 있을 뿐이고, 그 밖에는 모두 자유로 실전과 전혀 다르지 않다.

공수도는 비기(秘技)로 삼고 있었던 옛 시대부터 형을 중심으로 한 개인적인 연습에 의해 기술을 연마해 왔으므로, 형은 매우 고도의 것이 되고, 현재에 있어서도 공수도의 기술은 형에 의해 연마하는 것을 이상적으로 알고 있다.

이것에 대해, 기본적인 대련은 상당히 오래 전부터 수련되고 있었던 듯하지만, 자유단보나 자유대련은 공수도가 대학 등에서 열심히 연습하게 되면서부터 시작되고, 또한 쇼와(照和)의 초년경부터 막판의 5보대련 등의 여세를 몰아서 자연히 자유대련을 할 수 있게 된 것이다. 그리하여 처음으로 공식석상에서 자유대련으로 부르고, 프로그램에 인쇄된 것은 쇼와11년의 일본 학생공수도연맹 발회(發会) 기념의 연무회부터이며, 유도나 검도에 비해 아직은 일잔(日淺)하다. 공수도가 스포츠로서 크게 발전해 갈 것은 필연적인 일이며, 이 자유대련의 연구를 금후 더욱더 깊이해 가지 않으면 안 된다.

다음은, 자유대련을 연습하는 데 있어 중요한 기본적인 자세 취하기·서기자세·간격·기술을 이행하는 호기(好機)에 대한 설명이다.

1) 자세 취하기

공수 양면으로 움직일 수 있는 자세 취하기가 아니면 안 된다. 서기자세는 나중에 말하겠지만, 몸은 반신이 되고, 허리는 약간 낮출 듯하면서 똑바로 서고, 머리는 전후·좌우로 기울지 않도록 턱을 당겨서 올바르게 유지하며, 상체를 세운다. 앞팔은 약간 굽히고, 겨드랑이를 지키듯이 하여 그 주먹의 연장선이 상대의 인중에 뻗도록 자세를 취하고, 뒷팔은 팔꿈치를 굽혀서 배꼽인 곳에 자세를 취한다. 이 때 팔꿈치 등의 필요 없는 힘은 빼고, 어깨를 낮춰 명치의 힘을 빼어 자연히 무게 중심이 단전에 떨어지도록 자세를 취하는 것이다.

2) 서기자세

서기자세의 방법에는 여러 가지가 있는데, 발의 폭은 전굴자세나 부동(不動)자세보다는 약간 좁고, 허리는 좀 낮출 듯하게 하여 두 발에 체중을 등분(等分)으로 걸치며, 무릎은 좀 굽혀서 여유를 주어 가볍게 서고, 두 발 모두 발바닥 발끝에 힘을 주어 양발뒤꿈치는 마룻바닥과 종이 한 겹의 기분으로, 두 발을 무심히 안쪽으로 단단히 죄면서 가볍게 서도록 한다.

3) 노려보는 법

상대의 얼굴을 보았으나 고착하면 다른 것이 보이지 않게 된다. 상대의 차기를 경계하여 눈이 아래쪽 부분에 고착하면 위쪽의 부분이 보이지 않게 된다.

요컨대 상대의 머리 위에서 발끝까지 일거일동(一擧一動)이 명확히 관찰될 수 있도록, 상대를 일체(一体)로서 보지 않으면 안 된다. 그러자면 눈앞의 상대를 먼 곳을 바라보는 것 같은 기분으로, 눈을 중심으로 상대의 전체를 보는 방법을 쓰지 않으면 안 된다.

4) 간 격

앞에 서 있는 상대와 싸울 경우에 상대와의 거리를 어떻게 잡는가 하는 것은 싸움의 임기응변의 술수로서 가장 중요하다. 간격이란 상대와의 거리로, 실제적으로 말하자면 한 발 내딛고서 상대를 지르기·차기로 끝내기할 수 있고, 한 발 물러나면서 상대의 공격을 피할 수 있는 상호간의 거리이다.

따라서 각자의 체격이나 기술 등에 의해 간격이 다소는 달라진다. 가장 이상적인 간격은 상대에게서는 멀고, 자신에게는 가깝다고 하는 것으로, 이와 같은 유리한 간격을 터득하는 것이 중요하다. 이처럼 간격은 승부를 결정짓는 데 있어서 중요한 의미를 지니는 것이기 때문에, 그 요령이나 호흡을 잘 연구하여 터득하는 것이 중요하다.

5) 기술을 행하는 호기

기선을 잡아 공격하는 것도, 후의 선을 잡아 공격하는 것도 상대의 틈을 타서 기술을 행하지 않으면 효과가 없다. 틈은 마음의 틈, 자세의 틈, 동작의 틈의 세 가지로 나누어지는데, 다음에는 동작에 의해 생기는 틈, 즉 공격의 호기(好機)에 대해 설명한다.

① 기술을 행하려고 할 때

상대가 이쪽의 틈을 발견했을 경우, 또는 직접적으로 바로 동작을 일으키려고 하는 그 순간을 놓치지 않고 공격하는 것이다. 이것은 상대가 공격하려고 하는 마음이 앞서서 방어쪽이 불충분하기 때문에, 그 순간에는 틈이 생기기 쉬우므로 그것을 이용하여 공격하는 것이다.

② 기술이 끝났을 때

상대가 어떤 기술에 의해 이쪽을 제압하려고 하거나, 또는 연속적으로 공격해 와서, 그것이 방어되고 어떻게 할 방법도 없게 되어 기술이 멈췄을 때를 공격하여 제압한다.

③ 얼어붙어 있을 때

무도에서는 놀라거나, 의심하거나, 주저하거나 하는 것을 엄하게 금하고 있다. 지르기·차기로 공격하여 끝내기하는 것인가 하는 식으로 의심을 품거나, 상대의 기세에 눌려서 겁을 먹거나, 공격당하는 것은 아닌가 하고 주저할 때 등 마음에 틈이 생겨 얼어붙어서 몸이 굳어 있기 때문에, 이같은 경우에는 과감히 이쪽에서 공격하면 성공할 공산이 크다.

④ 틈이 나게 한다

서로 틈이 생기지 않을 때는 손의 견제 같은 것을 써서 상대를 유인하거나, 또는 발로 하단에 유인해서 상대의 주의를 아래쪽 부분으로 향하게 하고, 위쪽 부분에 틈이 생기게 하여 상단을 공격한다.

이처럼 여러 가지로 손과 발로 유인해서 상대에게 틈이 나게 하고, 그 틈을 타서 공격하는 것인데, 그러나 섣불리 유인하면 도리어 자신에게 틈이 생겨 상대의 공격을 받게 될 염려가 있으므로, 실행에는 충분히 조심하여 정말로 지르고 차는 기분으로 기술을 살려 사용하지 않으면 안 된다. 또는 연속적으로 기술을 행하여 상대에게 응전할 겨를이 없게 해 놓고, 자세가 흐트러져 틈이 생겼을 때를 곧장 이쪽에서 공격해서 제압한다.

이와 같은 점을 연구하면서 자유대련을 연습해 주기 바란다. 어떻든 자유대련은 기술이 흐트러지기 쉬우므로 본이나 자유단보대련 등과 합쳐서 연습하고, 기본적으로 확고하게 단보대련, 강력한 기술을 익히도록 주의하여 연습하는 것이 바람직하다.

제19회 전국 공수도선수권대회

실전(実戦)에 대비하여

무도의 비전(秘伝)에는 선배들의 피나는 수련 끝에 터득한 정신이 넘쳐 있다. 여기에서는 그런 비전 중에서 공수도에 있어서의 대련에 시사(示唆)를 주는 것을 골라 소개한다. 그저 단순히 승패를 겨루기 위해 활용하는 것이 아니라, 무도의 정신에 닿아 자기를 평가하고, 더욱더 평소의 공수도 수련에 힘써 주기 바란다.

■ 수행(修行)의 수칙(守則)

초심(初心)으로 돌아간다 ; (不動智神妙錄)

초심의 경지에서 차츰 수행을 쌓아 지고(至高)의 경지에 도달하면 다시 초심의 경지로 되돌아가는 것이다.

병법에서도 초심일 때는 도검을 쥐는 법도 자세도 아무것도 모르기 때문에, 자기 몸에 마음을 멈출 수는 없다. 상대가 쳐 오면 그저 그에 응할 뿐이고, 아무런 작전도 없다. 그렇지만 여러 가지의 기술을 배워 몸의 자세, 기술의 사용법, 싸움의 임기응변술 등을 알게 됨에 따라 온갖 것에 마음을 빼앗겨서 상대를 치려고 해도 주저하고 도리어 부자유스러워진다. 하지만 더욱 세월을 거듭해서 수련을 쌓으면 자세도 기술도 다 무심한 가운데에 행할 수 있게 되고, 초심의 경지가 된다. 무심하면 자유자재로 적절한 기능을 할 수 있게 되는 것이다.

검선일치(劍禅一致) ; (柳生兵法家伝書)

무술에는 불법과 통하여 선과 일치하는 것이 많다. 특히 집착하는 것을 싫어하고, 사물에 마음을 두는 것을 금한다. 이것이야말로 병법(兵法)과 불법(佛法) 다 같이 중시하는 일이다. 어떤 비전을 익히고 기술을 써도 그 기술에 마음이 고정해 버려서는 승부에 이기지 못한다. 적의 움직임에도, 자신의 움직임에도, 치건 지르건, 거기에 마음을 두지 않는 수행이 중요하다.

치기와 맞히기 ; (五輪書)

친다는 것과 맞힌다는 것은 전혀 별개의 것이다. 어떤 치기이건 마음에 정하여 확실하게 치는 것이다. 맞힌다는 것은 그저 맞힌다고 하는 정도의 가벼운 의미의 것이며, 설사 적이 죽을 만큼 세게 맞더라도 이것은 맞히기에 지나지 않는다. 친다고 하자면 마음에 정하고 충분한 결의로 치는 것을 말한다. 이것은 공수에 있어서도 중요한 일로, 기술을 끝내기한다는 것에 이어진다.

미야모토 무사시(宮本武蔵)는 이기기만 하면 된다고 하는 안이한 태도는 취하지 않고, 자신의 실력으로 쟁취한 성과냐, 우연한 것이냐 잘 알지 않으면 그 성공은 한 번으로 끝나 버리고, 더욱 높은 경지에는 도달하지 못한다고 가르치고 있다.

현(懸)과 대(待) ; (柳生兵法家伝書)

맞서자마자 한 마음을 집중하여 매섭게 공격하기 시작해 선수를 잡으려고 시작해 오는 것을 현(懸)이라 하고, 별안간 달려들지 않고 적이 시작해 오기를 기다리는 것을 대(待)라고 한다.

마음과 몸의 관계에 있어서, 마음은 소극적인 대(待)로, 몸은 적극적으로 현(懸)의 상태가 되도록 해 놓는 것이 좋다. 마음도 현이면 너무 날뛰어져 폭주하기 쉬워 자멸한다. 적이 선수를 취하려고 나올 때를 이기는 일이 중요하다. 또 한편, 마음을 현으로, 몸을 대로 하라고도 한다. 마음은 방심하지 않고 작용시켜 몸을 대의 상태로 해 놓고 적에게 선수를 취하게 하는 것이다. 표현은 양극이지만 결국은 같은 뜻이며, 어떻든간에 적의 선수를 유인해서 이기려고 하는 것이다.

밖은 조용히, 안은 적극적으로 = 풍수(風水)의 소리를 듣는다

현·대는 외면(外面)·내심(內心) 다 같이 어느 한쪽에 치우쳐서는 안 된다. 내심에는 기를 작용해 움직이게 함으로써 방심하지 않고, 외면은 떠들지 않고 조용하게 하는 것이 천리(天理)에 맞는 것이다. 또 한편, 외면이 격렬히 공세로 나갈 때는 내심이 그 움직임에 끌려들어 가지 않도록 조용히 유지하면 외면의 움직임은 흐트러지는 일이 없다. 내외 다 같이 움직이면 당연히 흐트러지고 만다. 현대(懸待)·동정(動靜)·내외(內外)를 서로 다르게 해야 한다.

수면에 떠 있는 새도 겉은 조용하나, 수중에서는 내심 방심하지 않고 물갈퀴를 사용하고 있는 것이다. 이같은 수련을 쌓으면 내심과 외면의 작용이 하나로 모아져서 그 작용은 자유자재가 되고, 무술 최고의 수행을 할 수 있다.

■ 선(先)

선에 체용(体用)의 두 가지가 있다 ; (一刀斎先生剣法書)

선수를 잡자면 몸의 선(先)과 용(用)의 선이 있다. 이쪽의 자세는 그대로인 상태로 정면에서 공격해 가는 것이 몸의 선. 자세를 변화시켜 상황에 따른 유리한 태세에서 공격해 나가는 것이 용의 선.

몸의 선일 경우에는, 공격은 사소한 모션도 보이지 않고 그대로인 채의 태세에서 정공법으로 공격하고, 방어는 임기응변으로 지킨다. 이것은 적의 작전의 허를 찌르고, 그 방비를 깨어서 몰아세운다. 이런 경우에는 작전이 주체이고 기술은 종속이다.

용의 선은 천변만화의 움직임으로 공격하고, 불변의 자세로 막는다. 이것은 적의 대비를 깨고 그 기술이 역을 잡아 몰아세우는데, 이런 경우 기술이 주체가 되고 작전이 종속이 된다.

몸과 용의 기술과 도리를 알지 못하고 함부로 공격해 이기려고 하면 역으로 당하고 만다. 바로 정공법과 기습작전의 가려 쓰기가 승패의 분기점이 되는 것이다.

적을 치는 데 한 박자 ; (五輪書)

적과 서로 칠 수 있는 간격이 되었을 때 아무런 예비작동도 없이 순직하게, 재빨리 단숨에 치는 것을 한 박자(拍子)라고 한다. 적이 칠까, 피할까 하는 것 등을 마음에 정하기 전에 공격하는 것을 첫번째 박자라고 하는 것이다. 이 박자를 잘 습득하고, 기선을 제압하여 단숨에 쳐 나가는 것을 단련하지 않으면 안 된다.

두 번째의 박자 ; (五輪書)

막상 공격하려고 한 찰나, 적이 재빠르게 물러서거나 밀어젖히려고 할 때에는 치는 척하고, 적이 한 순간 긴장한 후 느즈러짐이 나왔을 때를 놓치지 않고 친다. 즉 적의 순간적 느즈러짐을 지른다. 이것이 두 번째의 치기이다.

세 가지의 선(先) ; (五輪書)

선수를 치자면,
- 이쪽에서 적에게 덤비는 선수를 치는 법, 이것을 현(懸)의 선.

- 적이 덤벼들었을 경우의 선수를 치는 법, 이것을 대(待)의 선.
- 이쪽에서나 적으로부터도 공격을 받았을 경우의 선수를 치는 법, 이것을 대대(待待)의 선이라고 한다.

어느 싸움에서도 그 처음에는 이 세 가지 경우밖에 없다. 선을 잡는 법에 따라 신속하게 승리할 수 있다.

첫번째 현의 선에는, 외면은 조용하게 갑자기 재빨리 덤버드는 방법. 또 외면적으로는 강하고 빠르게 덤벼들면서 마음에 여유를 남기는 덤벼들기. 또 마음을 긴장시키고 아무렇지도 않은 듯이 잰 걸음으로 적에게 접근하자마자 단숨에 날카롭게 공격하는 방법. 또한 무심히 처음에서 마지막까지 적의 기세를 꺾는 기세로 마음속으로부터 세게 공격해 덤벼드는 방법 등이 있다.

두 번째 대의 선에는, 적이 먼저 덤벼들었을 때 조금도 개의치 않고 약한 듯이 보이다가, 적이 접근해 오면 쑥 떨어져서 잽싸게 비켜나 적이 느즈러졌을 때를 단숨에 강하게 공격하여 이기는 법. 또 적이 덤벼들었을 때 이쪽은 한층 더 세게 나가 적이 공격하는 박자를 틀어지게 한 틈을 타서 그대로 이기는 방법. 이것이 대의 선의 이치이다.

세 번째 대대의 선은, 적이 재빨리 공격해 오는 것에는 이쪽은 조용히 강하게 덤벼들고, 적이 접근하면 과감한 태세로 임해 적이 느즈러졌을 때를 단숨에 공격하여 승리를 거둔다. 또 적이 조용하게 공격해 올 때는 나의 몸을 띄우듯이 하여 빨리 덤벼들어 적이 가까워지게 되면 가볍게 싸우고, 적의 상태를 보면서 강하게 공격해 이기는 방법이다.

■ 후(後)의 선(先)

아무튼 적에게 선(先)을 시켜서 이긴다 ; (柳生新陰流)
- 치기 시작하는 때를 이긴다.
- 치기 시작하지 않는 자에게는 수를 걸어서, 쳐 오는 때를 이긴다.
- 그것을 아는 자에게는 나의 솜씨를 보여, 거기를 쳐 오는 때를 이긴다.

세 가지의 막기 ; (五輪書)

적의 품으로 들어갈 때, 적이 수를 걸어오는 큰 칼을 막는 데에 자신의 큰 칼로 적의 눈을 지르는 것처럼 하여, 적의 큰 칼을 나의 우측으로 빗나가게 하고 막는다. 또 지르기 막기라고 해서, 적이 친 큰 칼을 나는 적의 오른쪽 눈을 지르는 것처럼 하고, 적의 목을 끼는 것 같은 기분으로 지를 듯이 하여 막는다. 또한 적이 공격해 올 때 내가 단도(短刀)로 들어가자면, 막는 것에 개의치 않고 나의 왼손으로 적의 얼굴을 지를 듯이 하고 들어간다.

이상 세 가지의 막기가 있는데, 어느 것도 오른손을 쥐고 그 주먹으로 적의 얼굴을 지르는 것같이 하면 된다.

I.A.K.F. 제2회 세계선수권대회 (1977년)

2
선(先)의 선(先)

선(先)의 선(先)

오이시(大石) 선수의 정면에서의 선제 공격은 뛰어나다. 얼핏 보기에 아무렇지 않게 보이는 자세에서의 돌진은 정말 이크 할 틈도 없는 신속과감한 것이며, 돌진한 후의 자세, 적의 반격에 대비하는 마음의 준비도 나무랄 데가 없다. 세계의 공수 동호인들이 외경(畏敬)하는 바이며, 타의 추종을 불허하는 독특한 것이라고 할 수 있다. 어설픈 수련으로는 도저히 생각도 못할 일로, 수련에 수련을 거듭한 결과요 배짱이 좋은 탓이다. 본래 오이시 선수는 공수에 입문하기 전에는 고교(高校) 검도계에 보기 드물게 뛰어난 선수이며, 오랜 세월 익힌 검의 공격의 재빠른 발다루기를 나름대로 철저하게 활용하고 있다.

타이밍을 잘 포착하는 것과 결단의 뛰어남, 아무리 **빠른** 스타트를 보유하고 있어도 1천분의 1초의 미스도 허용하지 않는 엄격한 타이밍이다. 타이밍이 한번 빗나가면 역으로 먹이가 되고 만다. 상대의 움직임을 보고, 움직이는 순간순간을 노려서 기술을 끝내기한다. 원숙과 함께 공격할 때 다른 손의 커버 방식에도 생각을 짜낸, 완벽에 가깝게 뛰어난 것이다. 최근에는 또 선(先)을 잡고 하는 앞차기의 포인트도 많아지게 되었다.

타이밍과 같이 중요한 것은 리듬이다. 리듬이 어긋나면 선은 잡지 못한다. 또 기술을 거느냐 마느냐 하고 순간적으로 주저했을 때는 일단 간격을 벗어나는 것도 중요하다. 간격을 벗어난 후, 또다시 간격을 잡아 주저하지 않고 바로 기술을 건다.

대전상대는 다카하시(高橋俊介) 선수. 호쾌한 기술을 구사하는 선수로서 정평이 있는 일본의 대표적이다.

지르기 대 지르기 : 찬스라고 보면 상대에게 기술을 걸게 할 여
 유도 주지 않고 정면에서 과감히 마지막 대시를 잘하여 지른다.
 타이밍과 결단이 중요한 포인트이다.

4

5

제 2 장 선의 선 35

차는 순간을 노려서의 돌진 : 상대가 차려고 하는 순간을 노려
정면에서 역지르기로 끝내기를 한다. 차는 순간을 억제하자면
무릎을 끼는 순간을 포착해야 한다.

1

2

3

다뤄서의 뛰어들기 : 상대의 차기를 오른쪽으로 다루고, 뛰어들어서 역지르기로 끝내기를 한다. 신속한 발다루기가 필요하다.

바로지르기에 의한 돌진 : 상대가 날카롭게 상단을 질러오는 것을, 상대의 지르기 팔 빠듯하게, 빠르고 깊이 뛰어들어 바로지르기로 끝내기를 한다. 이 때 나가는 발을 재빨리 내딛는 것과, 자신의 허리를 상대의 허리에 부딪는 것 같은 기분으로 과감하게 돌진하는 것이 요령이다.

차기를 제압해서의 돌진 : 상대가 차려고 하여 무릎을 올렸을 때 깊이 뛰어들어 돌진한다. 다른 팔로 상대의 차는 무릎을 누르는 것처럼 커버하면서 돌진한다. 뛰어들 때, 상대의 지르기 팔이나 차기에서 멀리 도망치지 않도록 한다. 똑바로 품을 향해 뛰어들고, 기술을 건 후에는 다시 깊이 들어가는 기분이 중요하다.

자세 취하기에 뛰어든다 : 착실히 자세를 취한 상대에게, 막아진 다든지 반격당한다든지 하는 것을 구애받지 말고 일직선으로 돌진한다. 상반신은 허리와 같이 상대의 품에 부딪쳐 간다. 축이 되는 다리의 버티기로 돌진의 기세를 돋우는 것이 포인트.

손의 커버 : 상대의 지르기나 차기는 막는 것이 아니라, 커버하는 것처럼 흘리는 것이 중요하다.

돌진의 연습 : 무엇보다도 중요한 것은, 자세를 취한 손의 위치에서 그대로 극히 작은 모션도 없이 다이렉트로 돌진한다. 한 순간의 타이밍의 로스도 허용되지 않는다. 그러기 위해서는 어깨·팔꿈치·무릎의 릴랙스한 상태를 유지하는 것이 중요하다.

3
후(後)의 선(先)

후(後)의 선(先)

 이이다(飯田) 선수는 자타가 인정하는 후(後)의 선(先)의 명수로서 정평이 있다. 그 당당하고 침착한 시합태도는 정말 안심하고 볼 수 있는 선수라고 할 수 있을 것이다. 어떤 상대와 대전해도 절대로 자신의 페이스를 흐트리지 않는 베테랑이다. 후의 선이라고 해도 단지 상대에게 수를 쓰게 하고 반격하는 것같이, 다만 지키는 것만의 공수와 같은 뜻은 아니다. 절대로 상대의 움직임에 따르는 것만이 아니라, 상대의 움직임을 유인하여 자신이 뜻한 바대로 수를 쓰게 하고, 자신의 페이스로 끌어들이고 만다. 여러 가지로 변화하는 그의 자세 취하기의 움직임을 보고 있으면 얄미울 정도로 잘한다.
 손끝을 빙글빙글 돌리며 잠자리에게 눈을 돌리게 해서 잡는 그 요령이다. 유인작전에 빠지지 말자고 생각하면 할수록 그만 유인당해서, 공연한 수를 쓰고 실수를 하니 이상하다. 또 유인작전에 빠지지 않도록 버티고 눌러 있게 되면, 언젠가의 세계대회 때 같은, 깜짝 놀라게 하는 돌려차기에서의 2단차기의 큰 기술, 정말 방심할 수 없는 강자이다.
 후의 선에서 중요한 것은 기백이다. 기로 밀어 상대를 압도하고, 막판에 몰려서 괴로운 나머지 수를 걸게 하고, 멋지게 요리하여 무찌르는 것이다. 즉 기백으로 이기고 지키는 일이 요체(要諦)이다. 눈의 단련도 필요하다. 상대의 기술이 어디까지 미치는지, 이른바 간격을 다 보는 것이 중요하다. 상대의 기술을 한도까지 끌어당기고 다 뻗은 때를 막아서 반격한다. 막기에 자신을 갖도록, 평소의 수련이 필요하다. 막기는 그저 막는 것이 아니라, 막는 순간에 상대의 자세를 흐트리면 더 효과가 크다. 전굴자세를 취하여 그 자리를 움직이지 않고 후굴자세가 되면서 상대의 주먹이나 발의 뻗기에 맞추고, 상체를 뒤로 젖혀, 상대의 주먹이나 발을 신체에 따르게 하여 피한다. 뒷다리를 버티면서 상체를 반발력으로 되돌리고, 동시에 기술을 끝내기하여 반격하는 것이다.
 대전상대는 오사카(大坂可治) 선수. 기본기로 일관한 명수(名手)로, 형의 제일인자이다.

다리후리기: 상대의 돌진하는 스타트를 다뤄서 억압하며, 다리후
　기로 상대의 몸을 쓰러뜨리고, 지르기로 끝내기를 한다.

2
다리후리기 : 다리후리기로 상대를 흩뜨리면서 기술을 끝내기한다. 내딛는 발은 상대의 발밑 빠듯하게 문질러낸다.

하단막기 : 상대가 차 오는 것을 하단으로 막아 끌어들이는 것처럼 하여 상대를 흩뜨리고, 뒤를 향하게 하여, 도로 일어서는 틈을 주지 않고 최후의 일격을 가한다.

6

제3장 후의 선 51

잡아채서 막기: 상대의 공격을, 상체를 젖혀 한도까지 끌어당겨 막는다. 상체를 세게 되돌리고, 허리의 탄력을 이용한 강한 힘으로 반격한다.

제3장 후의 선 53

1

2

3

　이이다(飯田) 선수의 자세는 보기만 해도 꽤 재미있다. 유인작전을 하기도 하고, 틈을 보이기도 하고, 위협하기도 하고, 상대의 공격에 대해 선수를 치기도 한다. 예컨대 상대가 차려고 생각했을 때는 그것을 막겠다고 하는 것 같은 자세를 보이기도 한다. 후의 선을 잡을 때는 그저 지키는 것만이 아니다. 기백을 충분히 넘쳐 흐르게 하는 자세가 필요하다. 지킨다고 해도, 상대에게 주제넘게 나서지 못하게 하는, 주도권을 잡은 자세가 아니면 의미가 없다.

1

2

제3장 후의 선

확실한 막기가 필요하다 : 후의 선을 잡자면 평소부터 어떤 공격에 대해서도 확실하게 막는 것을 익히는 것이 중요하다. 또 상대의 주먹이건 발이건 자신의 몸에서 바깥쪽으로 빗나가게 한다.

1

2

1

2

상대를 흩뜨리는 것: 막기와 동시에 상대의 몸의 중심을 흩뜨리는 것도 필요하다. 흩뜨리면 보다 효과적으로 끝내기할 수 있다.
상대의 몸의 중심을 흩뜨리자면: 상대의 내딛는 발의 무릎 안쪽으로, 자신의 무릎을 밀어붙여 바깥쪽으로 흩뜨린다. 상대의 무릎 바깥쪽으로 자신의 무릎을 밀어붙여 안쪽으로 흩뜨린다.

제3장 후의 선 57

더킹의 연습 : 상대의 공격을 한도까지 끌어들이기 위해서는 평소부터 눈을 단련하고, 상대의 공격을 다 보는 것이 필요하다. 전굴자세에서 그 자리에서 후굴자세로 변화하고, 다시 상체도 뒤로 젖혀 적의 공격을 피한다. 더킹을 연습으로 익히면 차기건 지르기건 막기 쉬운 것과 동시에, 후굴자세에서 전굴자세로, 강한 탄력으로 상체를 되돌리면서 효과적인 반격이 가능해진다.

제 3 장 후의 선

I.A.K.F. 제2회 세계선수권대회 (1977년)

4
차기의 여러 가지

차기의 여러 가지

 우에키(植木) 선수의 기술은 손·발 다 같이 속도가 있고, 참으로 격렬하다. 특히 차기는 스냅도 잘 살리고, 무릎의 밀어넣기도 샤프해 힘찬 끝내기가 있다. 숱한 대전상대에게 쓰라린 패배를 맛보게 하고 있다. 이상적인 차기에 필요한 밸런스를 취하는 법도, 버팀다리의 발목, 무릎의 탄력 있는 죄이기도 나무랄 데가 없다. 이 밖에도 최고의 승부처에 필요한 감의 좋음, 또 타이밍의 포착방법은 이 선수가 아니면 안 된다는 생각마저 들게 한다. 상대의 나서는 발을 족도(足刀)나 발바닥으로 눌러 움직임을 잠시 멈추고, 곧 변화하여 차기를 멋지게 끝내기해 눈을 휘둥그래지게 한다. 현재 구사하는 사람이 적은, 차고 빠지기도 효과적으로 쓸 수 있는 선수이다.
 차기에 의한 선의 선으로 스타트를 잡는 것은 어렵다. 차기 직전의 모션은 속기 쉽고, 상대의 반격을 당하기 쉬우므로 재빠른 한 순간의 무릎 올리기가 중요하다. 또 버팀다리의 안정에 의한 절묘한 밸런스는 차기 위해 빼놓을 수 없는 요소이다. 모션은 작게, 차기는 크고 날카롭고 강하게를 모토로 평소의 단련이 중요하다.
 대전상대인 야하라(矢原美紀夫) 선수는 의표를 찌르는 준민한 변화기의 소지자로, 그 승부근성은 정평이 있다.

1

2

3

옆차기 : 상대가 공격으로 옮기려 할 때, 선을 잡고 배꼽이나 목
에다 세게 차넣는다. 무릎의 재빠르고 높은 올리기가 필요하다.

제4장 차기의 여러 가지 67

1

2

4

5

차고 빠지기 : 상대가 맹렬히 돌진해 왔을 때, 돌려차기 기미의 샤프한 앞차기로 배꼽에 끝내기하고, 그대로 버팀다리를 문질러 내면서 상대의 등으로 돌아간다. 버팀다리의 이동과 같이 허리를 낮춰 차기가 필요하다.

3

6

7

제 4 장 차기의 여러 가지

체중의 이동과 허리의 전환 : 보폭을 넓게 자세를 취하여, 상대가 공격으로 나서려고 할 때, 앞발을 가볍게 끌어당겨 체중을 옮기자마자 상대의 어깻죽지나 안면에 크게 옆차고 반격한다. 체중을 재빨리 버팀다리로 옮기고, 허리를 예리하게 전환하여 차기가 중요하다.

무릎 올리기와 허리의 밀어내기 : 앞발에 착실히 체중을 얹어, 발목과 무릎을 굽혀 안정된 버팀다리를 만들고, 동시에 무릎을 가슴 가까이 올린다. 무릎 올리기는 재빠르고 가볍게 휙 하니 끌어올린다. 그때 버팀다리의 발목을 더욱 꺾고, 허리를 쑥 앞으로 밀어내는 것이 강하고 효과적인 사정거리의 긴 앞차기를 가능하게 한다. 같은 요령으로 차면서 버팀다리를 앞으로 문질러낼 경우, 발바닥 전체로 마룻바닥을 문지르는 기분이 중요하다.

차고 빠지기 : 상대가 지르기나 치기로 공격해 올 때, 허리를 낮춰 버팀다리를 상대의 몸쪽으로 문질러 모으면서, 작고 샤프한 앞차기나 돌려차기로 상대의 배꼽에 끝내기하고, 다시 상대의 등 뒤로 돌아간다. 이와 같은 차고 빠지기에는 안정된 몸의 이동이 중요하다. 차는 발은 작아도 스냅을 충분히 쓰고, 당기는 발을 →

72 대련 I

→ 빨리 차고 발을 마룻바닥에 내리는 것과 동시에, 그 발에 체중을 없는 것이 포인트. 또 몸을 다루고 차는 것이 아니라, 차면서 버팀다리를 문질러내는 기분이 필요하다. 버팀다리는 발목도 굽히고, 탄력을 유지하도록 한다. 차고 빠지기는 아주 효과적인 기술인 만큼 꾸준한 연습이 절대 필요하다.

I.A.K.F 제2회 세계선수권대회 (1977년)

5
접근전의 치기

접근전에서의 치기

아베(阿部) 선수는 등주먹(裏拳) 등의 치기 기술에 능하다. 접근하면서의 변화가 많은 다채로운 잔 기술에는 뭇 대전상대가 괴로움을 당하고 실수를 하고 있다. 강렬한 공격에 대해 몸을 옆으로 다루면서의 등주먹치기(裏拳打), 수도치기는 아주 유효하고, 축이 되는 다리를 중심으로 허리를 비틀어 치기, 특히 허리의 회전과 손과 다리의 동작이 동시에 발동함으로써 그 효과를 높이고 있어 멋지다.

치기 기술에 있어서는 간격을 잡는 법이 중요하며, 특히 다루기와의 관련이 중요한 포인트이다. 스타트를 노린 선제공격, 상대의 공격을 옆으로 다루는 반격이 있는데, 그 어느 것이나 잘 소화하여 명수라는 말을 듣는다.

기술을 걸자면 상대에게 기술을 먼저 내게 하고, 그 기술이 끝나기 직전에 몸을 다뤄 치면서 반격한다. 상대에게 먼저 기술을 내게 하기 위해서는 간격을 좁히고, 기로 억압해 막다른 지경에 이른 상태가 되게 하거나, 이쪽이 물러서거나 틈을 만들어 상대를 유인하는 등의 경우가 있다. 기술을 걸 때는 기력을 충실케 하고, 반 걸음 내지 한걸음을 상대의 몸쪽 빠듯하게 내딛고, 앞다리나 뒷다리를 축으로 삼아 허리를 틀며 기술을 건다.

대전상대는 야하라(矢原美紀夫) 선수.

1

2

등주먹치기 : 상대를 유인하여 공격케 하고, 앞다리를 축이 되는
   다리로 삼아 허리를 예리하게 돌리면서 등주먹으로 안면에다
   반격.

3

4

5

제 5 장 접근전의 치기

1

2

4

수도치기 : 상대의 차기 공격에 대해, 한 발 내딛고 돌면서 수도를 바깥쪽에서 돌리고 끝내기한다.

수도로 쓰러뜨린다 : 상대의 앞차기 강공을 왼손으로 잡아채서 막고, 동시에 우 수도로 안쪽에서 돌려 경동맥을 치고, 그대로 메쳐서 끝내기한다.

1

2

3

몸다루기: 축이 되는 다리로 몸을 다루고, 허리의 역회전을 이용하여 등주먹으로 효과있게 반격한다. 호흡에 맞춰, 허리의 회전과 손과 다리의 동작이 동시에 발동하도록 연습한다.

4

5

제 5 장 접근전의 치기

1

2

3

4

상대를 쓰러뜨린다 : 허리를 좌전하며 왼손으로 잡아채서 올려 막는다. 동시에 우 수도를 안쪽에서 돌려 경동맥을 치고, 다시 앞다리를 축으로 삼아 크게 허리를 우전하면서 왼손을 끌어올 리고, 오른손을 밀어서 낮추는 것 같은 기분으로 뻗으면 상대의 몸은 자연히 쓰러진다. 무리하게 메치려고 하면 실패한다.

1

2

3

4

배도치기 : 상대의 지르기를 다눠서 왼손바닥으로 옆으로 후리며, 오른 배도(背刀)를 날려 경동맥을 공격한다. 막은 후, 허리의 회전에 맞춰, 오른 배도를 크게 바깥쪽에서 돌리고 공격하는 것이 중요하다.

1

2

3

접근전 기술의 여러 가지 :
① 상대의 지르기를 억압하면서 종원비(縱猿臂).
② 상대의 차는 순간을 억압하면서 종원비.
③ 몸을 옆으로 다뤄서, 지르기 팔을 누르고 횡원비(橫猿臂).
④ 몸을 다루면서 허리를 낮추고 등주먹 옆돌려치기.
⑤ 차는 순간을 노려서, 발목을 누르고 계두(鷄頭)치기로 턱에 반격.
⑥ 상대의 지르기 손을 손으로 누르고, 차기의 발목을 발바닥으로 눌러, 팔꿈치 또는 등주먹으로 반격. →

4

5

6

7

→
⑦ 지르기 팔을 두 손바닥으로 누르고, 끌어들이면서 무릎으로 배꼽을 맹반격.
⑧ 상대가 공격해 오는 것을, 발을 내디뎌 상대의 몸 바깥쪽으로 문질러 놓고, 몸을 흩뜨리면서 배도로 경동맥을 공격.

8

제 5 장 접근전의 치기   89

I.A.K.F. 제2회 세계선수권대회 (1977년)

6 접근전의 차기

접근전에서의 차기

　쓰야먀(津山) 선수의 접근전에서의 정면에서 의표를 찌른 후두부(後頭部)에 대한 돌려차기에 깜짝 놀란 대전상대는 많다. 특히 상대의 지르기 팔을 잡고 끌어당기며 아주 가까운 간격에서 턱을 노린 예리한 돌려차기나, 높게 돌려서 발끝을 떨군 듯하게 뒷목덜미에 대한 돌려차기의 강공(强攻)은 독특한 것이다. 비할 데 없는 끈질긴 허리를 이용하여 만들어낸 특이한 것인데, 기본에 충실한, 오랫동안의 연마를 쌓으면서 생겨난 것임에 틀림없다. 최근 시합에서 돌려차기가 잘 쓰이고 있는데, 발을 높이 돌리고 목표에는 발목을 비틀고, 발끝을 비스듬히 아래로 향하게 하여 떨군 듯하다가 걷어차는 강한 실전적인 공격인데, 큰 기술은 별로 볼 수 없다. 엄격한 참을성 있는 수련으로, 본격적인 기술을 익히는 선수가 적어진 것이 유감이다. 그렇더라도 쓰야마 선수의 특수한 밸런스 취하기, 차는 발 코스의 변화는 독특하고 멋진 돌려차기이다.

　버팀다리를 상대의 발밑으로 문질러 모으고, 그 발목을 굽혀 발바닥으로 착실히 마룻바닥을 꽉 밟고, 견확(堅確)하게 서서 차올리는 것이 중요하다. 차는 다리의 무릎을 높이 가슴까지 끌어올리는 연습을 착실하게 되풀이하는 것이 숙달의 길이다.

　대전상대는 마쓰쿠라(松倉榮重) 선수. 연습량이 풍부한 강인한 아랫도리에서의 강력한 지르기·차기를 구사한다.

차기를 다뤄서 돌려차기 : 차기의 공격을 몸 다뤄서 피하여, 상대의 차는 발이 마룻바닥에 닿자 신속히 끝내기를 하고 가까운 간격에서 바깥쪽으로부터 높게 안면에의 돌려차기로 반격. 이같은 가까운 간격에서의 차기는 무릎 올리기가 가깝고 높게 충분하지 않으면 어렵다. 안쪽에서의 돌려차기로 끝내기하는 경우도 있으나, 같은 요령이다.

제 6 장 접근전의 차기

1　　　　　　　　　　2

5　　　　　　　　　　6

밸런스와 차는 다리의 코스: 상대의 공격에 앞발을 깊이 문질러 모으고, 상대의 등쪽 가까이로 돌아가서 앞다리의 무릎을 높이 상대의 몸쪽을 따라 올리고, 뒤 경추(頸椎)로 의표를 지르는 돌려차기로 끝내기를 한다. 상대의 앞발 빠듯하게 축이 되는 다리를 문질러 모으고, 완전히 상대의 사각(死角)으로 들어간다. 밸런스의 좋음과 차는 다리의 코스의 좋고 나쁨이 중요하다.

돌려차기: 돌려차기는 발을 높이 돌리고, 발목을 비틀어 비스듬히 아래로 흔들어 내리는 것처럼 하여 끝내기를 하면 효과적인 강한 타격을 줄 수가 있다.

4

제6장 접근전의 차기

끌어당겨서의 차기 : 상대의 상단공격을 뛰어들어 깊을 듯하게 막고, 지르기 팔을 잡고 끌어당기며 뒷발을 날려 측면으로 옆찬다. 버팀다리의 발목과 무릎을 죄는 밸런스가 중요하다.

무릎 올리기 : 무릎을 높게 어깻죽지까지 올리고 바깥쪽에서 돌려 옆찬다. 끝내기할 때는 발끝을 아래로 떨군 듯하면 효과적이다. 기초에서는 크게 도는 연습을 해야 하지만, 숙달하여 실천적으로 사용할 경우에는, 차는 다리를 몸쪽으로 크게 돌리지 말고 앞차기와 마찬가지로 무릎을 높이 올리면서 날카롭게 돌린다. 앞차기인지 돌려차기인지 분간할 수 없는 특수한 차기이다.

# 7
전신(転身)・몸다루기・메치기

전신 · 몸다루기 · 메치기

아사이(淺井) 선수의 변환자재(変幻自在), 하늘을 날고 땅에 기어드는 것 같은 움직임은 보는 사람을 아연하게 하고 경탄시키며, 끝내는 즐겁게 한다. 차는 다리의 밑을 빠져 나가면서 밑에서 고간(股間)을 밀어올리기도 하고, 상대의 공격을 종이 한 겹 차이로 다루면서 피하고, 일전(一転)하여 뛰어올라 목이 붙은 부분에 수도를 가하자마자 마룻바닥에 내려서고, 다시 반전(反転)하여 다리후기리를 걸어서 쓰러뜨린다.

연무라면 몰라도 이 복잡한 서커스식의 움직임을 실제의 시합장에서 구사할 수 있는 것은 아사이 선수 외엔 없을 것이다. 남몰래 연마한 공이지만, 남다른 허리라는 말을 젊을 때부터 들었던 그였기 때문에 비로소 할 수 있는 대담한 기술이다. 강인한 허리와 유연한 몸, 그것과 비할 데 없는 예리한 반사능력, 더욱이 대담무쌍한 배짱, 흉내를 내려고 해도 흉내낼 수 없는 천재적, 불세출의 것이다.

변환자재한 움직임도 전신(転身)을 충분히 익숙하게 다룰 수 있는 것이 아니다. 몸다루기 · 전신에는 허리를 꺾는 법과 발다루기가 불가결한 요소이다. 허리를 꺾는 법(허리의 비틀기)에는 정면으로 우전좌전(右転左転)하든지, 또 그 비틀기 때 오른허리쪽 왼허리쪽의 어느 것을 지점(支点)으로 삼느냐, 또는 팽이의 회전처럼 허리의 중심을 축으로 서 전환하느냐 하는 것이다. 발다루기에는 좌우의 발을 전후 · 좌우로 교차시키면서 진퇴한다. 또 좌우의 발을 교차시키지 않고 보내는 발, 잇는 발의 상태로 진퇴하거나, 좌우의 발을 보폭 일정한 채 전후 · 좌우로 모으기 발의 상태로 진퇴하기도 하는 것이다.

대전상대는 오사카(大坂可治) 선수.

1  2

5  6

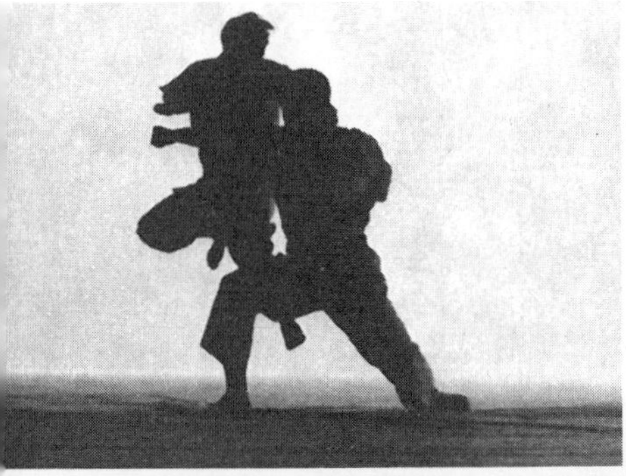

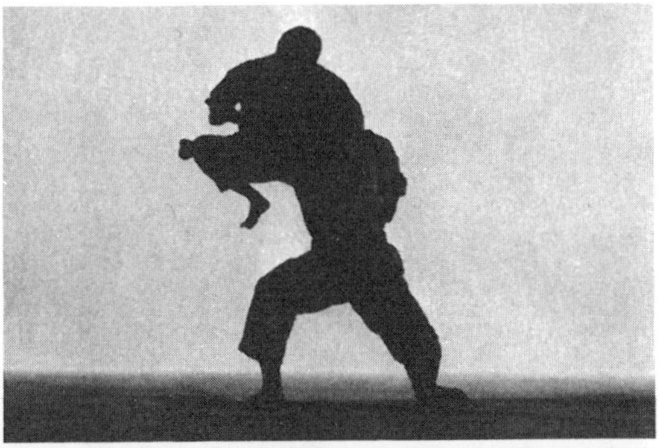

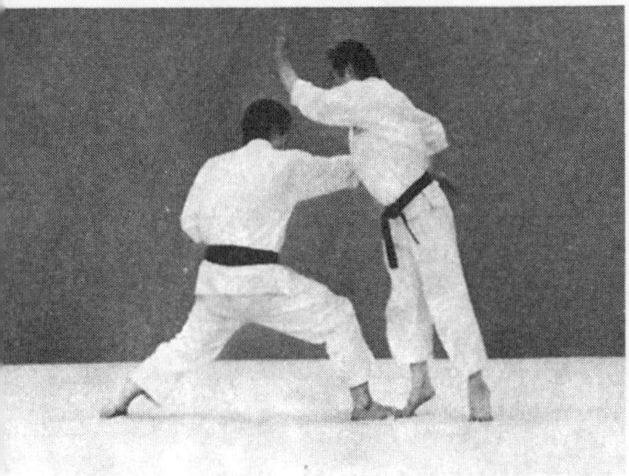

3

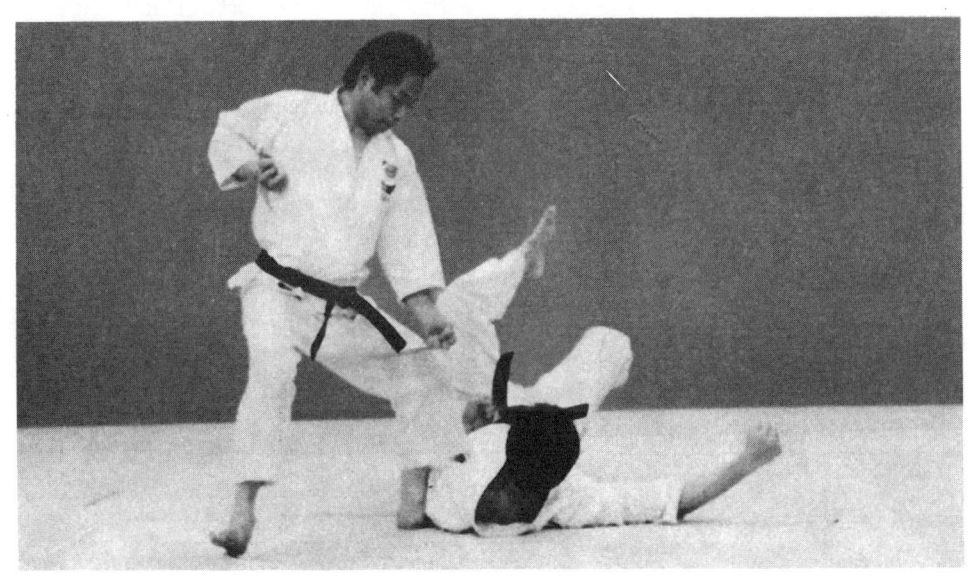

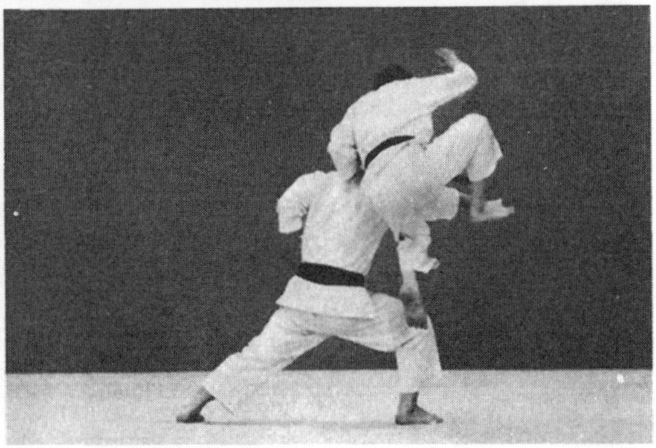

4

7

뛰어올라서의 끌어당겨 넘기기 : 상대가 돌진해 올 때, 어깻죽지 에 손을 걸치고, 발목으로 지면을 차서 뛰어올라 등쪽으로 돌아 간다. 수도로 경동맥을 치고 다시 쓰러뜨려 최후 일격을 가한다.

뛰어올라서의 수도치기 : 상대의 돌진을 앞다리를 축이 되게 하여 빙글 등쪽으로 돌고, 팔꿈치로 끝내기한 뒤, 반전(反転)하여 뛰어올라 수도로 뒷덜미를 맹반격.

제 7 장 전신·몸다루기·메치기 109

전신(転身)・반전(反転)・다리후리기 : 오른주먹에서의 돌진을 막으며 빙글 회전한다. 우선, 뒤돌아차기로 옆구리에 끝내기하고, 순간 반전하여 다리후리기로 쓰러뜨리면서 뒤지르기로 끝내기한다. 아사이 선수만이 할 수 있는 전신의 묘이다.

제 7 장 전신·몸다루기·메치기 111

1

2

4

5

차기의 빠져나가기 : 앞차기의 맹습(猛襲)을 빠져나가 등쪽으로
돌아가면서 반격. 의표를 찌르는 독특한 거친 기술이다.

3

6

7

제 7 장 전신・몸다루기・메치기

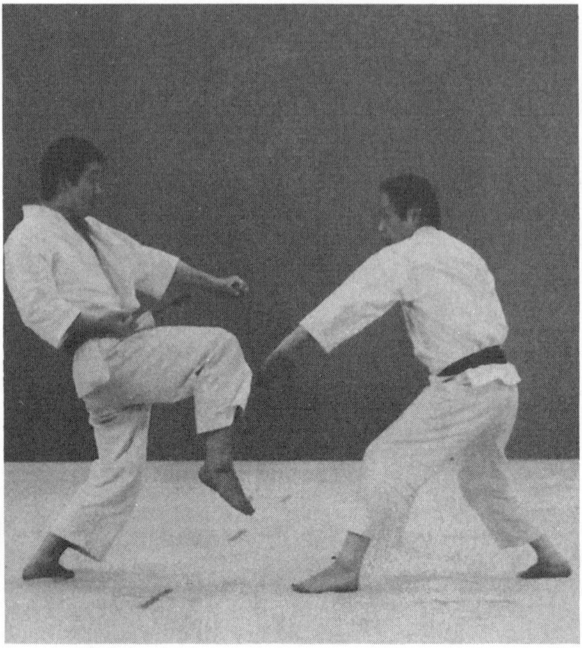

1

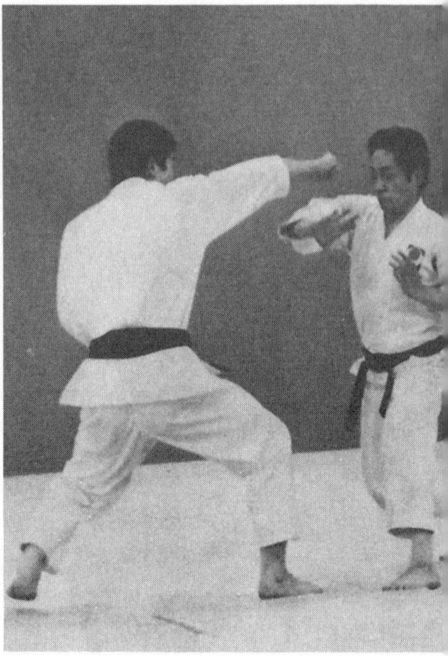

2

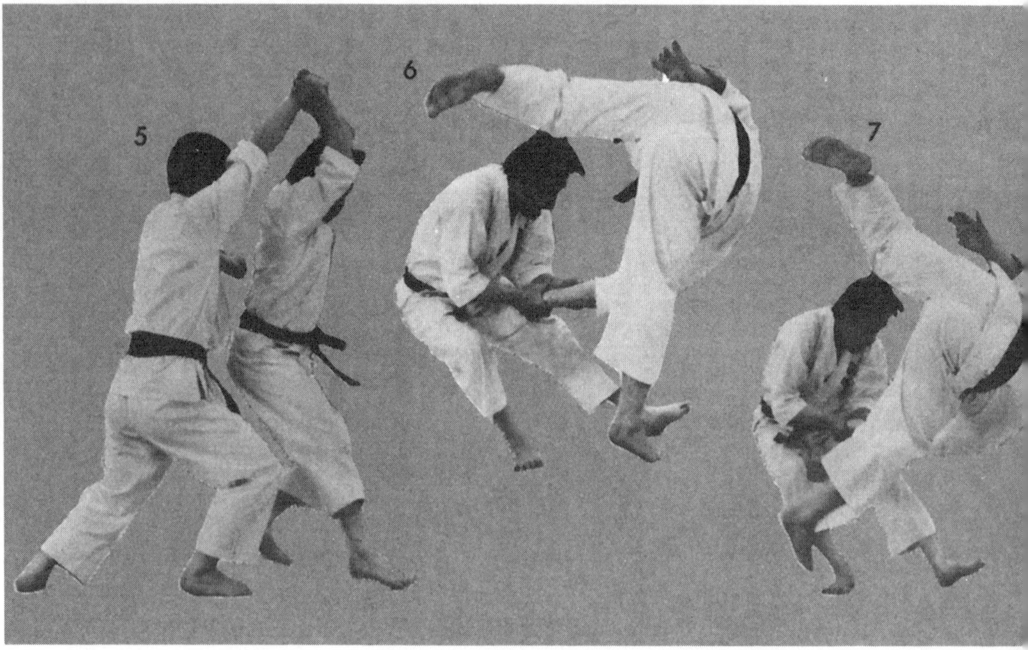

메치기 : 차기 · 지르기의 연속공격을 막고, 손목을 잡아 빙글 반전. 과감하게 허리를 낮춰 메치는 아사이 선수의 독특한 큰 기술.

3

4

8

9

1

2

3

메치기 : 지르기에서 수도치기에의 연속공격을 받자 급히 몸을
낮추고, 몸을 잡아채어 메치기.

4

5

6

제 7 장 전신·몸다루기·메치기 117

1    2

5    6    7

몸다루고(파고드는 법) 쓰러뜨리기 : 상대의 반격에 맞춰서 문지르는 발로 몸 빠듯하게 파고들어, 그대로 등쪽으로 돌아가서 쓰러뜨린다. 돌진해 오는 상대의 몸에서 멀리 도망가지 않고 과감하게 허리를 꺾어, 빠듯하게 파고드는 것이 중요하다.

뛰어올라서의 수도치기 : 상대의 주먹 빠듯하게 뛰어올라, 등쪽으로 돌아가면서 위로부터의 수도치기. 뛰어오르자면 발목 탄력의 강함이 중요한 포인트가 된다. 다시 뛰어올라 앞가슴에 가까운 양무릎 올리기가 효과를 낳게 한다.

문지르는 발・발다루기 : 마지막 대시를 해 오는 상대의 발밑으로 왼발이 미끄러지듯 들어가고, 등쪽 빠듯하게 상체를 돌아가게 하는 것이 요령이다. 아사이 선수의 변환자재한 거친 기술도 따지고 보면 기초적 발다루기와 전신의 활용이다.

1

2

3

빠져나가기 : 차는 다리를 빠져나가자면 뭐니뭐니 해도 선뜻 단
념하는 것이 필요하다. 타이밍 좋게 머리를 돌려 고간(股間)에
돌진하는 마음의 준비가 중요하다. 머리로부터 빠져나가면 당장
반전하여 반격한다.

4

5

6

1

2

3

4

1

2

3

빠져나가기 : 상대의 차기에서 동시에 빠져나가기는, 우선 질러온 겨드랑이 밑을 빠져나가는 기초연습이 필요하다. 처음에는 막으면서 빠져나가는 연습을 하고, 익숙해지면 막지 않고 그대로 머리를 상대가 지르는 겨드랑이 밑으로 돌진한다. 머리를 겨드랑이 밑으로 빠져나가게 하기 위해서는 상체의 스윙이 따른다.

뒤돌아차고 반전(反転) 다리후리기 :
　상대의 공격을, 앞다리를 축으로 삼아 다루면서 막고, 다시 깊이 회전하면서 뒤돌아차기.
　즉시 반전, 차는 다리를 돌려 상대의 축이 되는 다리를 후리고 쓰러뜨린다. 보통 선수 같으면 뒤돌아차기로 끝나는 것이지만, 반전 다리후리기라는 큰 기술은 상당히 밸런스가 좋아야 하고, 유연한 아랫도리가 있어야 한다.

뒤돌아차기의 요령 : 오른발을 내딛고, 그 오른다리를 축으로 삼아 허리를 좌전(左転). 두 손바닥으로 지르기 손을 후리고, 다시 크게 좌전하면서 왼쪽 뒤돌아차기, 허리를 회전할 때 발목·무릎을 굽혀 안정하지 않으면 돌아차기는 효과가 없다.

반전·다리후리기 : 오른다리를 축으로 삼아 허리를 오른쪽으로 돌려 크게 반전하고, 왼쪽 차는 다리를 돌려 발목 또는 무릎을 걸치고 강렬한 다리 후리기. 축이 되는 다리, 허리, 차는 다리가 동시에 회전하지 않으면 충분한 효과를 얻지 못한다.

I.A.K.F. 제2회 세계선수권대회 (1977년)

8
2단공격

2단공격

 종횡무진으로 연달아 불필요한 동작이 없는 다양한 기술이 서로 연결하고, 맞물려서 내지른다. 가나자와(金沢) 선수는 풍부한 연속기술의 명수이다. 공격하여 상대의 응수를 떠보고, 바로 변전(変転)하여 다른 기술로 결판을 낸다. 그런 점에서의 호흡은 실로 잘한다. 과거의 전적이 말해주듯 시합태도는 대단히 화려하고, 끝내기 기술도 지르기·치기·차기 등 다채롭게 가려 쓰고 있다.

 크게 전후·좌후로 몸을 다루면서 그저 움직일 뿐만 아니라, 움직임에 맞춰서 자유로이 큰 기술을 구사한다. 멋진 움직임이다. 동(動)에서 정(靜), 정에서 동으로의 이동도 찬스건 타이밍이건 얄미울 정도이다. 상대에게 공격을 당하면 상대의 움직임보다 한 순간 빨리 몸을 다루고, 그 지르기·차기 등의 공격을 피하는 것인데, 몸을 다루지만 도망치려는 자세가 되어서는 상대에게 연속공격을 허용하게 되고, 싸움은 어렵게 막판으로 몰리게 된다. 몸을 피하여 공격을 다루고, 바로 반전하여 스텝하면서 반격한다. 상대의 맹공을 받을 때는, 그 힘의 방향에 거역하지 않고 말려들어가는 것처럼 하여 자신의 몸 바깥쪽으로 받아 흘리도록 하면 효과가 있다. 다루면서의 반격은 상대의 밸런스를 흩뜨리게 할 수도 있다. 몸다루기에서 공격으로 전환할 때, 급속한 무게 중심의 이동에 맞춰, 호흡에 의한 기(氣)의 집중과 순간적인 근육의 긴장이 위력 있는 반격을 가능케 한다.

 대전상대는 오사카(大坂可治) 선수.

제 8 장 2단공격

차기·돌아가기·배도(背刀)치기: 앞차기로 공격해, 상대의 응수를 떠보고 차기를 유인하여, 막는 것과 동시에 배도로 경동맥을 쳐 끝내기를 한다.

4

5

6

7

제 8 장 2단공격

1

2

3

4

바로지르기에서의 변화 : 우선, 지르기로 공격하여 상대에게 막게
하고, 반격해 오는 것을 몸을 다눠 막고, 반격한다.

1

2

가나자와(金沢) 선수와 아사이(淺井) 선수의 모범시합 : 두 선수의 독특한 자세→②, 아사이 선수의 느닷없는 돌려차기의 강공→③, 가나자와 선수의 수도로 안면공격→④, 가나자와 선수의 차기를 아사이 선수의 능숙한 빠져나가기→⑤⑥, 한동안 작은 기술의 응수→⑦, 가나자와 선수의 큰 차기가 날아간다→⑧, 아사이 선수의 차기→⑩⑪, 불꽃을 튕기는 응수→⑫⑬, 가나자와 선수의 공격을 아사이 선수가 또다시 몸을 낮춰 피한다→⑭⑮⑯, 두 선수 서로 노려본 채 무승부→⑰⑱

제8장 2단공격 141

3

4

5

6

7

8

9

10

11

12

13

14

무술 · 내공 · 건강 전문도서

서림 무술 시리즈

① 종합 태권도전서　　　　　　김병운·김정록저 /35,000원
② 영한대역 태권도교범(1)　　　김정록저 /7,000원
③ 영한대역 태권도교범(2)　　　김정록저 /7,000원
④ 영한대영 태권도교범(3)　　　김정록저 /7,000원
⑤ 영한 태권도교본　　　　　　김정록저 /20,000원
⑥ 태권도심판론　　　　　　　　한상진저 /8,000원
⑦ 전통 무술택견　　　　　　　송덕기저 /5,000원
⑧ 실전 씨름교본　　　　　　　김정록편저 /6,000원
⑨ 스포츠용어사전　　　　　　　강태정편저 /9,500원
⑩ 줄넘기백과　　　　　　　　한국줄넘기협회 /12,000원
⑪ 비전합기도　　　　　　　　　김상덕저 /5,000원
⑫ 합기도과학　　　　　　　　　강태정역 /7,000원
⑬ 공수도백과　　　　　　　　　강태정역 /12,000원
⑭ 실전 공수도교범　　　　　　최영의저 /4,000원
⑮ 정통 유도백과　　　　　　　이성우역 /15,000원
⑯ 종합레슬링전서　　　　　　서림편집부역 /12,000원
⑰ 회전무술교본　　　　　　　명재옥저 /4,000원
⑱ 족술도교본　　　　　　　　명재옥저 /4,000원
⑲ 이소룡의 쌍절곤백과　　　　이소룡저 /8,000원
⑳ 쌍절곤교범　　　　　　　이봉기·김조웅저 /4,000원
㉑ 절권도(상)　　　　　　　　　이소룡저 /8,000원
㉒ 절권도(하)　　　　　　　　　이소룡저 /8,000원
㉓ 이소룡과 영춘권법　　　　　이영복역편 /3,000원
㉔ 당랑적요격투기(Ⅰ)　　　　　이봉철저 /4,000원
㉕ 당랑권법(흑흑출동권)　　　　박종관저 /3,000원
㉖ 격투발차기　　　　　　　　조희근저 /4,000원
㉗ 양가태극권교본　　　　　　박종관저 /6,000원
㉘ 진가태극권　　　　　　　　조은훈감수 /3,000원
㉙ 우슈태극권교본　　　　　　박종관편저 /5,000원
㉚ 우슈남권교본　　　　　　　박종관편저 /5,000원
㉛ 우슈장권교본　　　　　　　박종관편저 /5,000원
㉜ 최신 검도기법　　　　　　　편집부역 /4,500원
㉝ 검술교본　　　　　　　　　김상덕역 /4,000원
㉞ 도술교본　　　　　　　　　김상덕역 /4,000원
㉟ 곤술교본　　　　　　　　　김상덕역 /4,000원
㊱ 창술교본　　　　　　　　　김상덕역 /3,000원
㊲ 당랑권법 쌍풍권　　　　　　소신당저 /4,500원
㊳ 당랑권법 매화권　　　　　　소신당저 /5,000원
㊴ 당랑권법 금강권　　　　　　소신당저 /4,500원
㊵ 내공팔극권(북파소림권)　　　무림편집부역 /5,000원
㊶ 쿵후교범(상)　　　　　　　　조은훈저 /7,000원
㊷ 쿵후교범(하)　　　　　　　　조은훈저 /7,000원
㊸ 사학비권　　　　　　　　　　조은훈저 /6,000원
㊹ 이소룡의 생애와 무술과 사랑　정화편저 /6,000원

서림 내공 · 건강 시리즈

① 내공 · 양생술전서　　　　　　석원태저 /8,000원
② 기공법과 차력술　　　　　　박종관저 /8,000원
③ 선도내공술　　　　　　　　경기공추광단 /4,500원
④ 소림내공술(Ⅰ)　　　　　　　경기공추광단 /5,000원
⑤ 중국의료기공　　　　　　　박종관저 /6,000원
⑥ 금선증론　　　　　　　　　유화양 /8,000원
⑦ 혜명경　　　　　　　　　　유화양 /8,000원
⑧ 천선정리　　　　　　　　　오수양저 /8,000원
⑨ 선불합종　　　　　　　　　오수양저 /7,000원
⑩ 포박자(내편 1)　　　　　　　갈홍저 /8,000원
⑪ 포박자(내편 2)　　　　　　　갈홍저 /8,000원
⑫ 포박자(외편 1)　　　　　　　갈홍저 /8,000원
⑬ 포박자(외편 2)　　　　　　　갈홍저 /8,000원
⑭ 포박자(외편 3)　　　　　　　갈홍저 /8,000원
⑮ 현묘지도　　　　　　　　　문경섭저 /8,000원
⑯ 발경의 과학　　　　　　　　강태정역 /8,000원
⑰ 선단식(仙斷食)조기법　　　　박종관저 /6,000원
⑱ 실용 단식건강법　　　　　　박종관저 /4,000원
⑲ 36시간 단식법　　　　　　　편집부편 /3,000원
⑳ 7일완성 단식법　　　　　　　김주호역 /2,500원
㉑ 체질탐구　　　　　　　　　최병일저 /5,000원
㉒ 태국 안마요법　　　　　　　박종관저 /4,000원
㉓ 실용 지압치료법　　　　　　박종관저 /4,500원
㉔ 지압건강법　　　　　　　　서림편집부 /4,000원
㉕ 지압과 뜸　　　　　　　　　서림편집부 /4,000원
㉖ 발지압 맛사지 치료법　　　　강태정역 /3,000원
㉗ 자기지압 · 맛사지 · 경혈체조　김주호저 /2,500원
㉘ 자가진단법　　　　　　　　김영호저 /6,000원
㉙ 백만인의 요가　　　　　　　김주호역 /4,000원
㉚ 기공치료와 호흡건강법　　　김주호역 /3,000원
㉛ 단전호흡 건강법　　　　　　김주호역 /4,000원
㉜ 약이 되는 자연식　　　　　　이태우저 /4,000원
㉝ 새시대의 건강전략　　　　　이상택저 /6,000원
㉞ 성인병 정복의 길　　　　　　이상택저 /4,500원

서림문화사

서울시 종로6가 213-1 (영안빌딩 405호) 전화(02)763-1445, 742-7070 팩스(02)745-4802

15

16

17

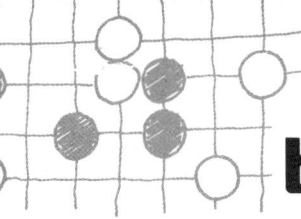

바둑전문도서

서림바둑 시리즈

❶ 당신도 바둑을 둘 수 있다　유병호 감수 /4,000원
❷ 알기 쉬운 초급바둑　유병호 감수 /4,000원
❸ 이것이 포석이다　유병호 감수 /4,000원
❹ 1급으로 가는 포석전략　유병호 감수 /4,000원
❺ 실력향상 테스트　가토마사오 저 /4,000원
❻ 이것이 정석이다　유병호 감수 /4,000원
❼ 바둑정석의 모든 것　유병호 감수 /4,000원
❽ 중반의 전략과 전투　유병호 감수 /4,000원
❾ 속임수 격파작전　유병호 감수 /4,000원
❿ 접바둑 비결　유병호 감수 /4,000원
⓫ 최신 바둑 첫걸음　편집부 역 /4,000원
⓬ 포석의 한수　편집부 역 /4,000원
⓭ 중반전의 필승전략(상)　편집부 역 /4,000원
⓮ 중반전의 필승전략(하)　편집부 역 /4,000원
⓯ 상급바둑의 길잡이　편집부 역 /4,000원
⓰ 암수를 피하는 길　가토마사오 저 /4,000원
⓱ 사활의 기초입문　임해봉 저 /4,000원
⓲ 끝내기 기법　구토노리오 저 /4,000원
⓳ 1급으로 가는 정석　이시다 요시오 저 /4,000원
⓴ 1급으로 가는 포석　다케미야 마사키 저 /4,000원
㉑ 1급으로 가는 맥점　가토 마사오 저 /4,000원
㉒ 1급으로 가는 실력 테스트　편집부 편 /4,000원
㉓ 3급으로 가는 정석　다케미야 마사키 저 /4,000원
㉔ 3급으로 가는 포석　가토 마사오 저 /4,000원
㉕ 3급으로 가는 맥점　이시다 요시오 저 /4,000원
㉖ 3급으로 가는 실력 테스트　편집부 편 /4,000원
㉗ 5급으로 가는 정석　이시다 요시오 저 /4,000원
㉘ 5급으로 가는 포석　다케미야 마사키 저 /4,000원
㉙ 5급으로 가는 맥점　가토 마사오 저 /4,000원
㉚ 5급으로 가는 실력 테스트　편집부 편 /4,000원
㉛ 9급으로 가는 정석　이시다 요시오 저 /4,000원
㉜ 9급으로 가는 포석　가토 마사오 저 /4,000원
㉝ 9급으로 가는 맥점　다케미야 마사키 저 /4,000원
㉞ 9급으로 가는 실력 테스트　편집부 편 /4,000원
㉟ 7급으로 가는 정석　다케미야 마사키 저 /4,000원
㊱ 7급으로 가는 포석　이시다 요시오 저 /4,000원
㊲ 7급으로 가는 맥점　가토 마사오 저 /4,000원
㊳ 7급으로 가는 실력 테스트　편집부 편 /4,000원
㊴ 승단으로 가는 정석　임해봉 저 /4,000원
㊵ 승단으로 가는 포석　오다케 시데오 저 /4,000원
㊶ 승단으로 가는 맥점　이시다 요시오 저 /4,000원
㊷ 승단으로 가는 실력 테스트　편집부 편 /4,000원

서림바둑 소사전 시리즈

❶ 화점정석 소사전　일본기원 저 /4,000원
❷ 포석 소사전　일본기원 저 /4,000원
❸ 정석이후 소사전　일본기원 저 /4,000원
❹ 함정수대책 소사전　일본기원 저 /4,000원
❺ 소목·고목·외목 소사전　일본기원 저 /4,000원
❻ 맥점 소사전　일본기원 저 /4,000원
❼ 사활 소사전　일본기원 저 /4,000원
❽ 접바둑 소사전　일본기원 저 /4,000원
❾ 끝내기 소사전　일본기원 저 /4,000원

서림 어린이 바둑 시리즈

❶ 바둑 첫걸음　일본기원 저 /3,500원
❷ 집짓기와 정석　일본기원 저 /3,500원
❸ 사활과 싸움　일본기원 저 /3,500원

서림 바둑사전 시리즈

❶ 현대 정석 총해　임해봉 저 /9,500원
❷ 현대 포석 총해　이시다 요시오 저 /9,500원
❸ 현대 맥점 총해　가토 마사오 저 /9,500원
❹ 접바둑 총해 I　이시다 요시오 저 /11,000원
❺ 접바둑 총해 II　이시다 요시오 저 /11,000원
❻ 관자보　박재삼 편역 /9,500원
❼ 현현기경　박재삼 편역 /9,500원
❽ 기경중묘　박재삼 편역 /9,500원

오늘의 바둑신서

❶ 조훈현 추억의 승부　조훈현 편저 /5,000원
❷ 조훈현 집념의 승전보　조훈현 편저 /5,000원
❸ 조훈현 대 서봉수　박재삼 편 /4,500원
❹ 한국 정상의 대결 1　박재삼 편 /4,500원
❺ 한국 정상의 대결 2　박재삼 편 /4,500원
❻ 한국 정상의 대결 3　박재삼 편 /4,500원

서림문화사
서울시 종로6가 213-1 (영안빌딩 405호) 전화 (02) 763-1445, 742-7070 팩스 (02) 745-4802

감수자／명재옥

1938. 12. 31. 전남 강진에서 출생
1965. 4. 공수도 5단
1965. 9. 15. 합기도 제1연무관 개설
1968. 11. 9. 합기도 심사위원장
1974. 5. 합기도 관장회의장
1981. 3. 9. 합기도 이사 겸 부회장
1984. 1. 합기도 10단 승단
1986. 1. 1. 족술도 창시(道主)
1986. 1. 1. 회전무술(도) 창시(道主)
1986. 5. 5. 회전무술 족술도 무재(武宰) 취임
1986. 6. 9. 족술도 교본 저작
1987. 3. 15. 세계 회전무술회 총본부장 취임
1987. 4. 회전무술 교본 저작
1988. 5. 5. 회전 검술도 창시
1988. 5. 5. 회전 검술도 교본 저작
1988. 5. 5. 회전 봉술도 창시
1988. 5. 5. 회전 봉술도 교본 저작
1994. 5. 5. 경호무도 창시
1995. 5. 5. 세계 경호무도연맹 총재 취임

베스트 空手道全書 ②

著　者
譯　者
監修者　明在
發行人　申鍾
發行處　書林文化

1판 1쇄　1995년 11월　　인쇄
1판 1쇄　1995년 11월　　발행

서울특별시 종로구 종로6가 213-1(영안빌딩 101호)
전화번호/ (02)763-1445, 742-7070
팩시밀리/ (02) 745-4802
등록번호/ 제1-218호(1975년 12월 1일)
동허청상호등록/ 제022307호

책은 日本 講談社와 韓國語版 발행을 독점계약하였습니다.

값 4,500원
ⓒ 1995. 講談社 (Kodansha International Ltd.), Printed in Korea
ISBN 89-7186-370-6-93690
ISBN 89-7186-001-4(세트)